De la part de l'Auteur.

De la part de l'Auteur.

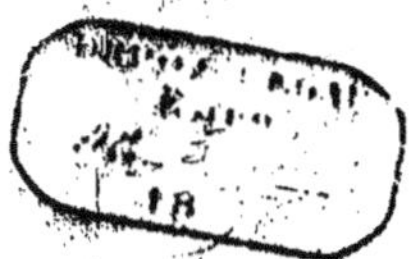

HENRI AMIC

JULES BASTIEN-LEPAGE

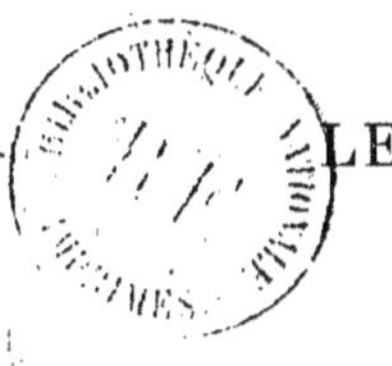

LETTRES ET SOUVENIRS

PARIS
IMPRIMÉ POUR L'AUTEUR

1896

JULES BASTIEN-LEPAGE

LETTRES ET SOUVENIRS

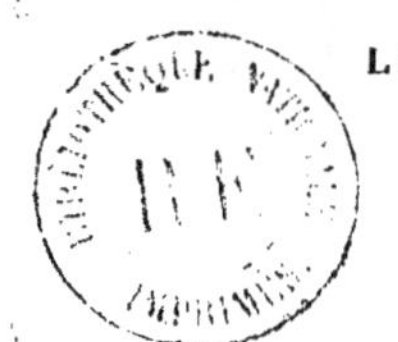

C'est durant l'hiver de l'année 1879, dans le salon de Mme Edmond Adam, que je rencontrai pour la première fois Bastien-Lepage.

A cette époque, le salon du boulevard Poissonnière était un lieu de réunion chéri de tous les hommes politiques, de tous les artistes, de tous les hommes de lettres. A part la maîtresse de la maison, admirablement belle et délicieusement aimable et accueillante, on n'y rencontrait pourtant aucune femme, mais que de personnalités diverses s'empressaient autour de Juliette Lamber! Emile de Girardin, de Lesseps, Edmond About, Challemel-Lacour, Spuller, Henri Brisson, Ed. Plauchut, Lockroy, Léon Say, le général de Gallifet, de Marcère, Gounod, Emmanuel Arago, Gustave Guillaumet, le Dr Pozzi, Benjamin Constant, Bonnat, Falguière, Mounet-Sully, Jean Aicard, Coquelin, Paul Déroulède, le général Pitié..., etc... J'en passe et des meilleurs !... Et dominant tous ces hommes, les dirigeant, les animant de la vigueur de son esprit et de la flamme de sa parole, Léon Gambetta.

Donc, un soir, un vendredi (c'était le jour où Mme Adam recevait), le hasard me fit trouver à côté de Jules Bastien-Lepage. Je ne l'avais jamais vu ; sa physionomie me parut curieuse. Ses cheveux, très blonds, semblaient pleurer sur son front qu'ils couvraient par moitié; ses yeux, d'un bleu gris, brillaient d'un éclat très vif ; son nez, assez petit, était d'un modelé curieux, d'une forme particulièrement arrêtée; sa bouche, un peu rieuse et moqueuse, était ombragée d'une moustache blonde assez clairsemée ; son menton marquait sa volonté ; sur son visage une barbe follette courait.

Personne ne nous avait présentés l'un à l'autre et cependant, attirés par une mutuelle sympathie, la conversation s'engagea bientôt entre nous. Je me souviens que les romans d'Emile Zola en firent les frais et que nous ne fûmes pas d'accord. Bastien était un disciple fervent du réalisme ; il admirait Zola en bloc, tandis que moi, tout en reconnaissant le talent, le génie même de l'auteur des *Rougon-Macquart*, je lui reprochais de manquer très souvent de goût et toujours de mesure.

La soirée terminée, Jules Bastien-Lepage me serra la main et nous nous séparâmes sans songer à échanger nos cartes, très convaincus tous les deux que si plus tard nous devions nous rencontrer, cette formalité mondaine était inutile.

Une ou deux semaines après, je revis Bastien à la Comédie-Française, dans la loge de Jeanne Samary. Ce qu'on jouait ce soir-là, je serais fort embarrassé, ma foi, s'il me fallait le dire; ce que je sais bien, par exemple, c'est que j'arrivai alors que Jeanne Samary était en scène et que je trouvai Bastien-Lepage en train de dessiner; il cherchait des expressions, l'esprit déjà hanté par l'idée de peindre sa *Jeanne Darc*... Nous échangeons quelques paroles, puis Jeanne Samary entre dans sa loge; c'est un tourbillon, une apparition délicieuse de fraîcheur et de jeunesse.

Cette fois, Bastien et moi nous sommes présentés l'un à l'autre et présentés par une amie incomparable.

Fille, sœur, épouse, mère et amie, Jeanne Samary a traversé la vie le rire et même le rouge aux lèvres, sans yeux baissés, sans mines hypocrites, mais de la droiture et de la loyauté plein le cœur; elle était l'honnêteté même.

La représentation est terminée; Marie Samary, Gustave Ollendorff et Rambaud viennent nous rejoindre. Nous allons ensemble au café de la *Régence*, non pas pour souper, ce terme de fête ne serait point de mise en cette circonstance, mais simplement pour manger des œufs et du jambon.

Bastien nous parle du portrait de son frère, exposé en ce moment au cercle de la rue Saint-Arnaud (lisez rue Volney). Jeanne et Marie Samary n'ont pas vu ce portrait, Gustave Ollendorf non plus; l'exposition ferme après-demain et Bastien n'a qu'une carte : « Cette carte suffirait bien pour vous faire entrer tous, nous dit-il, mais où nous réunir? »

J'invite à déjeuner Bastien, ainsi que Jeanne et Marie, Gustave Ollendorff et Rambaud; tous acceptent.

Quel joyeux déjeuner! C'était plus qu'une sympathie sincère, c'était une amitié naissante qui nous réunissait. Jeanne riait et babillait comme une enfant; Marie, spirituelle toujours, langoureuse quelquefois, coquetait un brin. On parlait d'art tout en respirant des fleurs, ce qui ne nous empêchait point de manger de bel appétit et le temps passait avec une rapidité folle. Il nous semblait que nous venions à peine de nous asseoir et déjà il nous fallait partir.

En route pour les expositions des cercles, la Crémerie et les Mirlitons, c'étaient les noms d'alors. Le temps est superbe et le chemin très court, nous allons à pied. Nous nous sentons heureux de vivre et nous marchons très gais, riant de tout et à propos de tout.

Nous voici rue Volney.

Le portrait d'Emile Bastien-Lepage est un chef-d'œuvre digne de Hans Holbein. Un jour viendra où cette toile prendra place au Louvre avec le portrait de Jules Bastien-Lepage peint par lui-même, les portraits de son père, de sa mère et celui de son grand-père. Ces cinq portraits constituent une donation précieuse qu'Emile Bastien-Lepage veut faire à son pays.

N'est-ce pas s'honorer soi-même que d'honorer ainsi la mémoire de son frère ?

... Nous voici sortis des Mirlitons (le cercle était alors situé place Vendôme) et nous nous demandons ce que nous allons faire ; nous n'avons pas du tout envie de nous quitter. En souvenir de l'*Assommoir*, Bastien propose de monter dans la colonne Vendôme. Nous acceptons et l'ascension commence ; quels éclats de rire dans l'obscurité !... Arrivées au faîte, Jeanne et Marie déclarent qu'elles ont le vertige ; elles refusent absolument de mettre même le nez dehors ; elles sont montées pour rien.

Nous voici redescendus. Le ministère des Beaux-Arts réclame G. Ollendorff et Rambaud ; une répétition réclame Jeanne à la Comédie-Française ; première séparation.

Jules Bastien, Marie et moi nous allons d'un commun accord nous asseoir au Guignol des Tuileries. Nous n'écoutons pas grand'chose, mais il ne nous déplaît pas de voir le gendarme battu par ce diable de polichinelle.

Enfin ! il faut se quitter ; c'est à regret. Cette journée nous a ravis. Nous nous promettons de nous revoir bientôt.

Bastien m'invite à aller visiter son atelier, 7 *bis*, impasse du Maine.

J'irai avant la fin de la semaine ; c'est juré.

Et je tiens mon serment.

L'atelier de Bastien-Lepage est très simple. Pas de bibelots, pas d'étoffes au mur. Son œil n'aime pas à être distrait par des couleurs ou des objets inutiles. Quelques sièges, des chevalets, une ou deux tables de bois blanc, très rustiques et c'est tout. Au mur, pour tout ornement, ses tableaux. A dire vrai, cela suffit. Bastien vient de terminer *Saison d'octobre*. Deux paysannes, l'une debout, mais à moitié courbée, l'autre à genoux, ramassent des pommes de terre. Le ciel est d'un gris d'argent ; le sol a des tons de pierres précieuses. Les deux femmes semblent vivantes.

Bastien-Lepage doit exposer aussi cette année le portrait de Sarah Bernhardt. L'histoire de ce portrait est curieuse. Le peintre de Damvillers « le Primitif », comme l'a si justement appelé André Theuriet, avait rencontré Sarah au commencement de l'hiver, dans les salons de Georges Charpentier, l'éditeur. On parla longuement de l'*Annonciation aux bergers*, le prix de Rome que Bastien avait mérité plus et mieux que tout autre et qui fut décerné, après de longues hésitations, à M. Commerre.

« Cette injustice m'avait révolté, attristé même, s'écria Bastien-Lepage, car mes parents considéraient comme un très grand honneur d'être admis à aller à Rome ; c'était, à leurs yeux, une sorte de consécration du talent et puis c'était l'existence assurée durant quatre ans et j'étais loin d'être riche. Pour m'envoyer à Paris, ma famille avait fait de très grands sacrifices. Mon grand-père, sans rien me dire, avait même supprimé de son petit budget les quelques sous de son tabac afin de pouvoir m'envoyer quelques douceurs. Malgré cela, pour vivre, en arrivant à Paris, j'avais été forcé d'entrer au bureau des postes et télégraphes. Le prix de Rome devait me tirer d'affaire, m'arracher à tous ces embarras et voici que tout justement je voyais s'envoler mes espérances. Une chose pourtant me consola de mes déboires et de mes ennuis. Le lendemain du jour où le résultat du concours avait été proclamé, j'arrivai à l'école des Beaux-Arts. Je n'étais pas gai, je m'avançais un peu découragé quand, tout à coup, au bas de mon tableau, j'aperçus mieux qu'un bouquet, une palme. Une femme, cette idée ne pouvait venir qu'à une femme, avait très bravement marqué sa préférence et se moquant du jugement de l'Institut, elle m'avait donné le prix. Ce succès me mit le cœur en fête autant que l'aurait pu faire la meilleure des bonnes fortunes. »

Sarah Bernhardt sourit en entendant ce récit, cette palme, c'était elle, paraît-il, qui l'avait offerte au talent méconnu. Bastien l'apprit et, sur-le-champ, il demanda à Sarah de faire son portrait, ce à quoi la divine interprète de *Phèdre* ne manqua point de consentir.

... Mes visites se succédèrent impasse du Maine. Bastien-Lepage n'aimait pas le monde ; il y allait non par goût, mais par raison, pour se faire connaître. Il vivait avec son frère qu'il adorait, n'ayant autour de lui que très peu d'amis, parmi lesquels je citerai Charles Baude, Raphaël Collin et Lenoir.

Lors de mes visites, à moins qu'il n'ait quelque séance de modèle pour un portrait, je le trouvais presque toujours seul. Nous causions alors très doucement de toutes choses et j'étais amusé, gagné par sa droite simplicité et ses audaces originalement naïves.

C'était un révolutionnaire en art. Manet l'avait impressionné vivement. Il prétendait que l'auteur du *Bon bock* était le premier peintre qui ait eu le courage de faire abstraction des conventions picturales pour ne s'attacher qu'à reconstituer l'atmosphère : « C'est le seul, me disait-il, au salon, qui ne se mente pas à lui-même. Il ne faut pas considérer les qualités qui lui manquent, mais celles qu'il a. » Et Bastien me faisait cligner des yeux devant les tableaux de Manet. Il s'était mis en tête de me convertir; il n'y arriva cependant pas complètement et il en rageait, car il avait un tempérament d'apôtre. Il était convaincu qu'il ne se trompait jamais et cette conviction intime le rendait assez autoritaire, bien qu'il fût avec cela très doux, très tendre. Il éprouvait comme un besoin secret de se sentir aimé.

... Quelle fête pour nous que le vernissage de l'année 1879 !... Succès complet. On ne pouvait approcher du portrait de Sarah. Tous l'admiraient. Et les ramasseuses de pommes de terre !... Quel enthousiasme ! Le public et la presse étaient unanimes. Aucune fausse note. On acclamait J. Bastien-Lepage.

Et nous ses nouveaux amis, Jeanne, Marie Samary et moi, nous jouissions pleinement de ce triomphe.

Quel déjeuner chez Ledoyen ! quels rires !... quelle joie !...

. . . .
. . . .
. . . .

Le temps passe. Les vacances viennent et quand arrive le mois d'octobre, je cède aux amicales sollicitations de Jules Bastien-Lepage et je vais passer plusieurs semaines à Damvillers, son pays natal. Je n'ai vraiment connu et compris Bastien qu'après l'avoir vu chez lui dans sa chère Lorraine. Il aimait cette terre passionnément; il avait pour elle des indulgences infinies, des tendresses d'amant. Tout lui en était cher, le sol, les arbres, les lignes d'horizon et la grise lumière.

La vie que nous menions à Damvillers était patriarcale. Il est, je crois, impossible de rêver une existence plus saine et plus simple. Nous passions toutes nos journées en plein air et nos soirées à deviser sous la grande cheminée à manteau où se faisait la cuisine. Nous n'étions gênés par personne. Aucun domestique n'allait et ne venait autour de nous, Mme Bastien-Lepage veillait à tout. Elle n'aurait pas cru que nous avions bien dîné si nos aliments n'avaient point passé par ses mains ; c'est avec la plus grande sollicitude qu'elle préparait tous les repas de sa famille. Elle continuait son divin rôle de mère, prenant plaisir à donner la becquée à ses petits. Cette chère admirable femme que Jules appelait drôlement « petite mérotte », n'aurait pas su vivre une minute sans penser à ses fils ou à son père, le père Lepage.

Une figure curieuse aussi que celle du père Lepage, le père de Mme Bastien. Il était déjà âgé quand je l'ai connu, il avait plus de soixante-dix ans, mais il était très alerte et toujours de joyeuse humeur. Il avait une figure intelligente, je ne sais quoi de socratique dans l'expression ; son esprit était très fin, parfois un peu gouailleur. Il avait l'horreur de l'oisiveté et détestait les parasites, aussi son bon sens éprouvé par l'expérience de la vie mettait-il souvent ses petits-fils en garde contre les surprises de leur cœur.

Quand j'arrivai à Damvillers, Bastien était en train de peindre sa *Jeanne d'Arc*. Je revois encore ce tableau dans le grenier que Jules avait aménagé en atelier. J'éprouvai en le voyant, une émotion profonde, inoubliable. Les yeux de cette Jeanne d'Arc étaient bien des yeux d'illuminée, des yeux de voyante.

Ces yeux m'obsédaient, me poursuivaient. C'était comme une évocation de

... Jeanne, la bonne Lorraine
Qu'Anglais brûlèrent à Rouen.

J'appris plus tard que c'était une fillette de cinq à six ans, qui avait posé à Jules Bastien-Lepage les yeux de sa Jeanne d'Arc.

Mon admiration est grande.

« Alors, me dit Jules en riant, tu trouves que je n'ai pas manqué ma vocation ?

— « Quelle question me fais-tu là ?

— « Ne t'étonne point, c'est une plaisante histoire qui me revient en tête, une histoire que je n'ai pas toujours trouvée drôle, mais dont je ris aujourd'hui. Tu sais que j'ai fait mes études au lycée de Verdun. Malgré cela, je n'avais, je n'ai jamais eu qu'un désir, être peintre. Un jour, je me confessai à mes parents. Avant de m'encourager dans la voie où je voulais entrer, il fut décidé qu'on prendrait conseil du vieux professeur du lycée de Verdun, un brave homme pas très fort, comme tu le verras tout à l'heure, mais qui faisait profession de m'aimer beaucoup; il me trouvait des dispositions étonnantes. Donc, un matin, nous quittons tous Damvillers et nous prenons la patache de Verdun. Mon père, ma mère, le grand-père, Emile, qui n'était pas trop grand alors et moi nous partons pour aller consulter le maître. Mon cœur battait ferme, j'étais vraiment ému; il me semblait que mon sort allait se décider. En allant cependant nous étions gais et arrivés en ville, une fois descendus de la diligence, nous marchions sans tristesse à la queue leu leu, mais lorsque le vieux professeur de dessin nous eut très gravement conté que le métier de peintre était le plus pitoyable de tous les métiers, que les artistes étaient tous condamnés à mourir de faim, qu'il était lui-même un triste exemple de cette vérité et que jamais il n'encouragerait un jeune homme, fût-il le mieux doué du monde, à passer par où il avait passé, dame la famille ne s'en alla pas aussi joyeusement qu'elle était venue ; le retour fut lugubre. Chacun avait la tête basse On ne pleurait pas et pourtant les larmes n'étaient pas loin ; on se lamentait sur des rêves envolés. Quant à moi, je dois le dire, je ne me laissai pas désarçonner ; ma conviction ne fut pas entamée une seule minute. Rageusement, je me répétais à moi-même : « Mon vieux maître aura beau dire, je serai peintre quand même, malgré lui, malgré tout le monde, s'il le faut. » Et tu le vois, je me suis tenu parole.

. . . .

. . . .

Un jour, Mme Bastien-Lepage me communiqua la correspondance que son fils lui avait adressée durant les premières années de son séjour à Paris. Elle était désireuse de me faire constater les luttes par lesquelles Jules avait passé, heu-

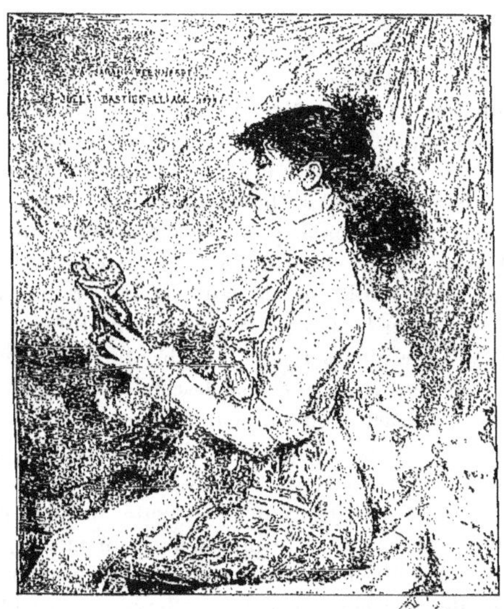

PORTRAIT DE SARAH BERNHARDT

Par Jules Bastien-Lepage.

(Photogravure d'après les reproductions de la maison Baxes, avenue de l'Opéra, Paris.)

reuse et justement fière de tout le chemin parcouru. Avec son assentiment, je copiai tous les passages de cette correspondance qui me parurent intéressants. Ils aideront aujourd'hui à faire connaître et aimer le pauvre grand artiste disparu ; ils permettront de juger son caractère et sa nature de façon plus précise et plus précieuse que toutes les paroles du monde.

« 14 décembre 1867.

« Chers parents, je viens de terminer le concours des places à l'École des Beaux-Arts. Le modèle était un homme dans la pose du lutteur antique. Moi, comme un serin, je me suis placé en face de lui : j'ai pris ainsi la pose la plus difficile, mais qu'importe, je n'ai pas mal réussi mon bonhomme.

« Je saurai dans une huitaine si je suis admis à ce concours.

« Je ne me suis encore présenté à aucun professeur de l'École, je ne sais lequel choisir. Pourtant, je crois m'être arrêté à M. Cabanel : j'irai le trouver ces jours prochains pour me faire recevoir dans son atelier. »

« 15 octobre 1867.

« Vous me demandez de vous faire connaître la manière dont j'emploie mes journées. Il m'est très difficile de vous le dire : en ce moment mes occupations n'ont rien de régulier. Tantôt je vais à un endroit, tantôt à un autre.

« Aujourd'hui je suis allé au jardin des Plantes : en revenant je suis monté en haut des tours Notre-Dame.

« En passant près de la Morgue, j'y suis entré. J'ai vu là deux malheureux noyés. Que c'est triste à voir !... Ils sont étendus sur des dalles : leur immobilité vous fait peur : et cependant, malgré le dégoût et le malaise que vous éprouvez dans cette espèce de charnier on ne peut s'empêcher de jeter un regard compatissant sur le corps de ces malheureux, victimes du meurtre ou du suicide. »

« 16 octobre 1867.

« Quand on est loin de Paris, on voudrait y être transporté rien que pour voir l'exposition, dès qu'on y est arrivé on oublie qu'elle existe. Il y a tant de choses à voir à Paris qui sont plus belles que celles qui sont exposées dans le palais du Champ-de-Mars ! — Ce qu'il y a de plus remarquable à l'exposition ce sont les machines à vapeur, mais lorsque vous les avez contemplées pendant deux heures vous êtes fatigué. Alors tout vous ennuie, on voit sans voir. »

« 17 octobre 1867.

« Vous m'interrogez sur les manières de mes camarades à l'École, je ne puis guère vous répondre, je ne les connais pas encore. Certains me paraissent bien et d'autres mal : en un mot, il y en a de toutes les trempes. Nous étions environ

200 pour concourir, on doit en recevoir une cinquantaine. Je voudrais bien être du nombre des élus, mais je ne l'espère pas.

« ... Je n'ai pas de pantalon d'hiver pour m'habiller, — je n'en ai qu'un seul, — encore n'a-t-il plus de fond. Je vous le renvoie par ma cousine Bertaux pour que vous le raccommodiez : faites-moi faire un pantalon en drap d'hiver, on le coupera sur le modèle de celui que je vous envoie.

« J'ai trouvé pour ma nourriture un bon restaurant sur le boulevard Saint-Michel. Il y a environ sept minutes de marche de chez moi. Je prends là deux repas qui se composent de potage, viande, légume, dessert, carafon de vin et pain à discrétion. Ces deux repas me coûtent 1 fr. 80. Il ne faut pas se tromper sur les mots et croire que le dessert est superflu. Le dessert est très utile pour achever son repas : quand on n'a pas assez avec le reste on prend un morceau de fromage de Gruyère ou de Brie. Comme viande, je mange toujours du rosbif, une côtelette ou du gigot, je ne prends jamais de ratatouilles : j'aime bien savoir ce que je mange. Pour légumes, je prends des flageolets, des épinards ou de la salade.

« Plus tard, quand je serai employé à la poste et qu'il me faudra me lever le matin à 3 heures et demie, je prendrai en plus une tasse de chocolat de 20 centimes.

« Si je ne vous dis rien de ma conduite, c'est qu'il n'y a rien à en dire.

« Vous me connaissez, je parle en toute franchise. Ce n'est pas que les occasions me manquent à Paris : il n'y a pas de jour où l'on ne soit raccroché, le soir, par les femmes qui courent les rues, mais je les ai toujours repoussées. Je me suis éloigné d'elles comme d'un vil fumier où l'on peut se crotter. Si c'est ce danger que vous craignez pour moi, soyez rassurés. Je ne me donnerai pas aux femmes qui sont à tout le monde. »

« 22 novembre 1867.

« Il y a déjà quelques jours qu'Edouard et moi nous sommes installés dans notre nouvelle cage. C'est un perchoir situé au sixième et donnant en plein sur la rue Turbigo. Nous avons un petit balcon d'où l'on jouit d'une jolie vue. C'est de là qu'on peut se faire une idée de la population parisienne. Tous les matins depuis 6 heures, on voit venir du côté du Château-d'Eau, — à travers le brouillard, une fourmilière de taches noires, ce sont les ouvriers qui logent dans les faubourgs qui se dirigent vers le centre de Paris, — un peu plus tard, vers 7 heures, on aperçoit les ouvriers qui gagnent l'atelier, — plus tard encore, ce sont les commis de toutes sortes et les employés de bureau. Je grossis le nombre de ces derniers. Quand je dois arriver au bureau à 8 heures, c'est Edouard qui fait la chambre. Lorsque je n'y vais qu'à 9 heures, je deviens femme de chambre à mon tour. Nous nous quittons le matin et nous ne nous revoyons que le soir. En ce moment je reste à mon bureau tous les soirs jusqu'à 9 heures et demie 10 heures.

« ... J'ai eu mon premier congé mardi dernier. J'en ai profité pour arranger notre chambre et pour aller voir M. Collin. Je lui ai porté l'étude que j'ai faite au concours de places. Il m'a dit que mon dessin promettait beaucoup. Malheureusement tant que je ferai ce service je ne pourrai pas travailler. »

« 31 décembre 1867.

« Voici le jour venu, mes bons parents, qui nous réunissait chaque année. Cette fois je suis absent : cette lettre doit me remplacer. Je vous souhaite tout ce que vous pouvez désirer, une bonne santé surtout, la fortune viendra après, je l'espère. Je pense que bientôt vous n'aurez plus besoin de me soutenir à Paris, ce sera moi au contraire qui vous viendrai en aide et j'en serai très fier. — Il est question pour moi de travailler à illustrer un journal. Là je gagnerai facilement de quoi me suffire et au delà. Il ne faut pas se faire d'illusions toutefois, c'est très difficile d'arriver. Enfin !... espérons toujours.

« Il y a eu dimanche trois semaines que je me suis présenté chez M. Cabanel pour lui demander de m'accepter dans son atelier. Il a commencé par me faire attendre une demi-heure environ dans un petit boudoir. La bonne m'avait annoncé comme un aspirant.

« M. Cabanel arrive enfin et m'apprend, tout d'abord, qu'il ne peut pas me recevoir dans son atelier. Il a, me dit-il, trop d'élèves et il ne veut plus en recevoir. — Vous devez penser dans quelle position je me trouvais.

« J'allais me retirer remportant avec moi les dessins que j'avais apportés et une lettre de recommandation que M. Bouguereau m'avait donnée quand M. Cabanel me demanda ce que je tenais à la main. Je lui présentai la lettre et mes dessins. La lettre ne fit pas grand effet : il n'en fut pas de même des dessins. M. Cabanel trouva qu'ils étaient finement dessinés et avec beaucoup de sentiment. — Pour ne pas revenir tout à fait sur ce qu'il m'avait dit, il me répéta qu'il ne pouvait me recevoir maintenant, mais il ajouta que prochainement on devait faire un concours dans son atelier afin d'éliminer les plus faibles, et que je pouvais revenir dans quelque temps. Je retournerai dans une semaine chez M. Cabanel et il est à peu près certain que je serai reçu... »

« Février 1868.

« Je vais demain chez M. Cabanel. J'espère être admis dans son atelier. Je porte les quelques dessins que j'ai pu faire depuis le jour où je l'ai vu pour la première fois. Je n'en ai pas pu faire beaucoup : le temps me manque. Le service de la poste est si fatigant que souvent, lorsque je rentre, je suis obligé de me coucher. Je ne sais comment je ferai quand il me faudra aller à l'Ecole. Je vous assure cependant que je ne balancerai nullement sur le choix des deux carrières. Je ne veux pas me presser toutefois. Je ne quitterai le service des postes que quand mon pinceau pourra me suffire.

... J'avais oublié de mettre ma lettre à la poste, je la reprends. Je viens de voir M. Cabanel. Cette seconde entrevue ne m'a pas été plus favorable que la première. M. Cabanel loue ma facilité mais n'ayant pas de place pour me recevoir dans son atelier il me conseille d'attendre ; pour moi je suis décidé à ne pas rester plus longtemps dans la position où je me trouve, dimanche prochain j'irai trouver un autre professeur de l'Ecole, M. Gérôme. — M. Gérôme me plaît du reste tout autant que M. Cabanel.

« Parlez-moi de mon frère dans votre première lettre et dites-lui de m'écrire... »

« 2 avril 1868.

« Chers parents, je n'ai pu retenir mes larmes en lisant vos reproches. Si je ne vous ai pas écrit plus tôt ce n'est ni par négligence, ni par oubli : je craignais de vous déplaire et cette crainte me faisait remettre tous les jours ma lettre au lendemain.

« Au moment où j'ai passé le maudit examen de Mézières (relatif aux postes), vous m'avez dit : « Essaie toujours, il ne t'en coûte rien. Si tu vois que tu ne « peux suivre ces deux carrières ensemble, — eh bien ! tu choisiras. »

« Or, depuis que j'ai mis les pieds à l'école, depuis que j'ai un peu tenu la palette j'ai vu et j'ai compris que ces deux occupations s'excluaient l'une l'autre, et cela pour plusieurs raisons.

« La première est que réduit à n'aller qu'à l'atelier, ne pouvant fréquenter aucun cours de l'école, tous les succès me sont forcément fermés : la seconde est la fatigue que j'éprouve à me lever à 3 heures et demie du matin. Cette fatigue continue ne tarderait pas à me rendre malade.

« Et puis, songez à la différence des travaux qui m'occupent. Le matin c'est un travail sérieux où l'imagination, l'esprit et même le cœur ont leur part. Midi arrive, et tout change, mon travail devient celui d'une brute. Ah !... fallait-il me faire passer huit ans au collège pour ne faire de moi qu'un employé de postes, — fallait-il développer toutes mes idées d'artiste, montrer tant de joie à la vue de mes dessins et de mes portraits pour vouloir comprimer un jour ces idées au moment où elles s'épanouissent à la vue de tant de chefs-d'œuvre que les arts ont produits. Non, non, je suis sûr que ce n'est pas là votre pensée.

« Juillet 1868.

« Si je ne vous ai pas plus tôt écrit c'est que j'espérais pouvoir vous apprendre quelque chose de certain relativement au gain que j'espérais tirer de la photographie peinte. Je me vois obligé de vous écrire sans que rien soit encore décidé. Toutes les fois que je reporte au photographe les épreuves qu'il me donne pour essayer, il me répond que ce n'est pas cela qu'il lui faut.

« Dimanche prochain j'irai voir M. Cabanel afin de lui demander un certificat pour obtenir une pension du département, puis le lundi suivant j'irai voir M. Chadenet. Si je parviens à avoir cette pension, je ne sacrifierai pas mes succès à l'école, et, d'ici un an ou deux, avec quelques protections, je pourrai arriver à avoir tous les ans une commande de copie de tableaux au Louvre qui me serait payée 800 francs au moins. Avec cela et ce que je pourrai gagner en faisant un peu de photographie peinte je vivrai tranquillement.

« En attendant, chers parents, envoyez-moi mon argent le plus tôt possible, comme d'habitude, car j'en ai grand besoin. »

« 18 juillet 1868.

« Hier, j'ai été trouver M. Chadenet fils. Il m'a affirmé que jamais le conseil général n'avait refusé une pension à un artiste se trouvant dans des conditions pareilles aux miennes.

« Mes certificats sont en effet excellents. Voici la copie de celui que m'a donné M. Cabanel : « Je certifie que M. J. Bastien-Lepage, mon élève, travaille « avec zèle dans mon atelier. Je n'ai que des éloges à faire de ses études et de ses « efforts pour progresser qui, joints à ses dispositions naturelles, lui assurent « l'avenir d'un artiste distingué. »

« M. Chadenet m'a félicité. Il m'a dit qu'il se chargeait d'envoyer lui-même toutes les pièces. Après cela, il n'y aura plus qu'à attendre.

« ... Je ne sais pas encore quel jour je quitterai Paris. Je pense être libre à partir du dimanche 26, mais il faudra attendre le résultat de l'exposition. Je ne partirai peut-être pour Damvillers que le mercredi 29. Je passerai par Verdun où j'irai surprendre Emile. Je le ferai sortir le jeudi, et le vendredi matin je serai auprès de vous pour deux mois. Je me réjouis à l'avance de pouvoir tout à mon aise faire des études de paysage.

« Je vous embrasse tous en attendant que je vous serre dans mes bras. »

« 30 septembre 1868.

« J'ai racheté par une grasse matinée le reste de la fatigue du voyage : je me suis levé vers 10 heures. Quand Edouard est revenu dans la chambre, nous avons pendu le grand-père en effigie et toutes nos autres toiles. Cela a duré jusqu'à midi. Le temps était affreux il pleuvait, pourtant il a fallu aller déjeuner. Après déjeuner j'avais l'intention d'aller voir M. Collin, je suis parti, mais la force de la pluie m'a obligé à me réfugier au Louvre. J'ai rencontré là plusieurs camarades de l'école qui m'ont trouvé grossi. Je suis resté au Louvre jusqu'à 2 heures et demie. A la fin, malgré la pluie, j'ai continué mon chemin et je suis arrivé chez M. Collin. Je me suis retrouvé avec mon ancien camarade de collège. Son père m'a retenu à dîner et le soir comme le mauvais temps continuait il m'a gardé à coucher. Raphaël Collin ne retournera pas au collège. Il est élève de Bouguereau et va venir à l'école des Beaux-Arts dans le même atelier que moi, cependant M. Cabanel étant encore absent, rien n'est décidé. »

« 1er octobre 1868.

« J'ai repris définitivement mes travaux aujourd'hui. L'atelier s'est ouvert à 8 heures. J'ai dessiné jusqu'à 1 heure, puis je suis allé travailler à la bibliothèque de l'école. J'en suis sorti à 4 heures, c'est l'heure de la fermeture. Nous sommes, allés ensuite fêter une bienvenue ce qui m'a assez amusé. La bienvenue terminée nous sommes allés visiter une exposition de tableaux et de dessins chez Durand-Ruel. Après j'ai été dîner et je suis rentré chez moi où je me suis mis à faire des compositions et des esquisses. Une entre autres dont je suis assez content. Elle représente des sirènes attirant par leurs chants mélodieux les matelots d'un navire. »

« C'est lundi prochain qu'a lieu le concours des places : je ferai tout mon possible pour réussir, mais si je n'y arrive pas, je ne m'en jetterai pas la tête au mur. »

« Octobre 1868.

« Aujourd'hui, — comme tous les jours, — je me suis levé à 7 heures, j'étais à l'atelier à 8 heures. Je me suis mis à mon dessin qui ne va pas mal. Nous avons fait ensuite les charges d'usage à un nouveau. Il nous a chanté, non sans un certain trouble, la complainte sur *Rochefort et sa Lanterne*, cela nous a fort amusés. L'après-midi, selon mon habitude, j'ai travaillé à la bibliothèque, puis je suis revenu vous écrire. »

« 7 octobre 1868.

« Vous avez peut-être du mal à déchiffrer mes griffonnages, mais vous savez le proverbe : « Plus de peine, plus de mérite, et, — par conséquent — plus de « plaisir. » Je vous vois tous les trois courbés pour me lire. Votre joie est souvent interrompue par un mot mal écrit ou illisible. — Je suis content de vous raconter chaque soir les événements de la journée. Il me semble que je cause avec vous. Si je ne vous écrivais pas, je m'imaginerais manquer à un devoir.

« Tous les matins, en m'habillant, je m'amuse à jeter des miettes de pain à des petits oiseaux qui viennent sur le toit situé en face de ma fenêtre. Je finirai par les habituer à manger dans ma main. Ce qui m'amuse beaucoup c'est que, lorsque j'appelle les moineaux, la petite bonne d'en face, — une blonde très jolie, — paraît souvent à sa fenêtre. Elle me regarde un peu, mais nous ne nous disons rien : le jeu est innocent comme vous le voyez.

« ... Je suis allé voir Raphaël Collin. Il est venu me reconduire. Nous avons blagué un moment ensemble. »

« Octobre 1868.

« Rien de très particulier à vous conter. Ce matin à l'atelier j'ai fini ma figure de la semaine. Je ne vous dirai pas que j'en suis content. Jamais on n'arrive à faire ce qu'on voudrait, mais j'ai pu constater que je n'avais pas trop perdu mon temps durant nos deux mois de vacances. Ce qui me satisfait aussi, c'est que je comprends bien ce que je veux arriver à faire. Je vois parfaitement ce qui manque à mon dessin pour rendre ce que j'ai conçu. De cette façon, en travaillant, j'arriverai à bien dessiner, — et je travaillerai ferme, je vous l'assure, car je veux arriver quand même. Je ne m'applique point à chercher des procédés plus ou moins commodes pour dessiner un bonhomme, — je dirai presque mathématiquement, — mais je cherche à rendre d'une manière simple et naïve ce que je vois et ce que je sens. C'est, du reste, la méthode qu'employaient les grands maîtres, — eux, qui tout en copiant naïvement la nature savaient si bien l'idéaliser.

« Pensez à m'envoyer mes livres, je les ai préparés et oubliés. Mon Murger surtout me manque beaucoup ; c'est mon poète préféré et je regrette de ne pas l'avoir avec moi. »

« Octobre 1868.

« C'est aujourd'hui à 1 heure de l'après-midi qu'a lieu le concours des places. Il dure de 1 heure à 3 heures. Cela ne m'empêchera pas de dessiner à l'atelier de 8 heures à midi.

« Le concours est fini ; après l'avoir terminé, je suis allé à la bibliothèque, puis je suis revenu chez moi fumer une pipe.

« Après le dîner, j'ai encore été commencer un nouveau concours à l'école de dessin de la rue de l'Ecole-de-Médecine. Ce concours finit à 9 heures du soir et je vous assure que lorsqu'on arrive à cette heure-là après avoir travaillé toute la journée on ne demande plus qu'à se coucher, — ce que je vais faire, car il est 10 heures et demie. Bonsoir à tous. »

« Octobre 1868.

« Même répétition. Et, ce sera ainsi toute la semaine. La monotonie de la journée n'a été interrompue que par l'arrivée d'un nouveau. C'est un Turc déjà âgé qui ne parle pas français ; il est très amusant. »

« Octobre 1868.

« J'ai fini mes deux concours aujourd'hui. J'espère être reçu à tous les deux. Je me suis acharné à un dessin très serré et surtout bien compris.

« C'est demain que nous nous proposons de déménager. »

« Octobre 1868.

« Aujourd'hui je me suis levé un peu plus tard que de coutume, le dimanche étant le jour du repos. Cependant j'ai un peu travaillé le matin. Dans la journée nous avons déménagé, et le soir nous avons couché avec Edouard dans la mansarde que nous avons louée au septième. »

« Octobre 1868.

« Quelque chose qui vous fera bien plaisir, c'est que je suis reçu *premier* au concours de la classe de dessin de la rue de l'Ecole-de-Médecine, — et, ce qui vous rendra plus heureux encore, c'est que je suis reçu le *premier* au concours des places de l'École des Beaux-Arts.

« C'est un vrai succès pour moi. Il fallait voir l'étonnement de tous les élèves. Je suis désormais dispensé de ce concours ; c'est un privilège accordé à celui qui mérite la première place.

« Collin a été reçu aussi. »

« Octobre 1868.

« Ce matin j'ai fait mon entrée triomphale à l'atelier. J'étais porté par deux de mes camarades et j'avais fort à faire de répondre aux félicitations des uns et aux blagues des autres. Heureusement que je ne suis pas timide, car je ne m'en serais pas tiré sans payer quelques mêlés-cassis pour arroser mon premier succès.

« Cabanel est venu aujourd'hui à l'atelier. Mon dessin était bien moins d'ensemble que d'habitude, malgré cela il en a été assez content. »

« Octobre 1868.

« Je ne fais pas ce que je veux cette semaine : ma figure ne marche pas. Cela tient probablement à ce que je crains de faire mal. « Noblesse oblige. » Il faut que je tienne mon rang. »

« Dimanche, octobre 1868.

« Je me suis mis aujourd'hui au travail à 8 heures. Ed... devait revenir à 11 heures. Alors, tout en travaillant, je me disais : « Quand Ed... reviendra je « m'habillerai pour aller déjeuner. » Ed... ne revenait pas, et, tout en trouvant le temps un peu long, je travaillais toujours. Enfin, comme l'appétit se faisait sentir, je me suis décidé à aller déjeuner sans attendre davantage. En passant devant Saint-Eustache j'ai été tout surpris de voir qu'il était deux heures de l'après-midi. J'avais travaillé sans m'apercevoir du temps passé. Après le déjeuner je suis revenu à la chambre. Ed... est venu m'y retrouver. Nous avons fait quelques parties de piquet et j'ai gagné. Cela m'a rappelé mon ancienne veine contre laquelle toute la science du grand-père était impuissante. »

« Mardi, octobre 1868.

« Aujourd'hui j'ai fait en rentrant la connaissance d'un médecin qui m'a proposé de me faire entrer aux amphithéâtres de l'école de médecine où je pourrai disséquer des cadavres et par conséquent apprendre mon anatomie. Vous pensez si j'ai accepté avec plaisir. Je dois y aller le 3 du mois prochain. »

« Dimanche, octobre 1868.

« Je me suis levé à sept heures après m'être couché à deux heures et demie. J'ai fait l'esquisse d'Athalie reconnaissant Joas. Dans la journée je suis allé voir Cabanel. Je lui ai porté le portrait du grand-père. Il s'est mis à rire en le voyant et m'a complimenté sur l'expression que je lui avais donnée. Il a été content de mon dessin. En me quittant il m'a serré la main en me disant : « Courage. »

« Mardi, octobre 1868.

« Aujourd'hui je viens souhaiter la fête au grand-père. Je lui renouvelle le désir que j'ai de le voir à Pâques. Il y a un concours de médailles lundi, je vais faire mon possible pour en avoir une. Pour le moment je n'ai pas d'autre bouquet de fête à offrir à mon bon grand-père que ma place de premier au concours de places. »

1869.

« Vous savez probablement déjà la mort de notre ami H... Le pauvre garçon s'est imaginé qu'il avait assez de la vie et il s'est tiré un coup de pistolet dans le cœur. Il n'avait aucune raison pour agir ainsi, c'est pour cela sans doute qu'il en a trouvé une. La vie lui paraissait fade, sans émotions, plus ennuyeuse qu'agréable et c'est un faux raisonnement longuement médité qui l'a amené à faire un acte de mauvais cœur. Pressé de se débarrasser de la vie, il a oublié la douleur que sa mort causerait à sa famille. C'est un mot de lui qui nous a appris sa triste fin.

« Je suis resté deux jours auprès de ses parents pour les aider en cette triste circonstance. »

« 7 avril 1869.

« J'attends Emile avec impatience : je me réjouis de lui montrer Paris. Je vous assure que je ferai en sorte qu'il se souvienne longtemps de son voyage. Ecrivez-moi le jour et l'heure de l'arrivée de mon frère, j'irai le chercher à la gare. »

« Mai 1869.

« Il ne faut pas m'en vouloir si je ne vous écris pas autant que je le voudrais, je passe en ce moment toutes mes soirées chez un ami malade que nous avons conduit à l'hôpital, il se porte mieux maintenant. Je vais faire probablement le portrait de son médecin.

« M. Lambert vous a parlé de mes études qu'il est venu voir, il en a été content. Cependant il n'est pas encore venu chercher son portrait. Il me sera payé, je crois, trente francs. Cela me servira à acheter un chapeau et une jaquette, car je ne sais plus que me mettre sur le dos. Je n'ai plus un seul pantalon convenable. Je vous en enverrai un pour le réparer et vous m'en ferez faire un autre que je paierai dans quelques mois.

« Dites à Emile de m'écrire, qu'il me dise ce qu'il y a de nouveau au collège, et ce que font les anciens, s'il y a eu de nouveaux bacheliers au mois de novembre, etc...

« Il ne faut pas m'en vouloir si vous ne recevez pas la suite de mon journal commencé lors de mon arrivée à Paris. Depuis que je vais au cours le soir il m'est difficile d'écrire : le temps me manque. Je sors de l'école tous les soirs à neuf heures, je suis chez moi tous les soirs à neuf heures et demie et, quand j'arrive, il me faut dessiner et composer les esquisses que j'ai mûries dans la journée. Ce n'est pas que la joie de vous écrire et de m'entretenir avec vous tous les soirs par la pensée soit diminuée, mais j'éprouve un si grand plaisir à jeter sur le papier l'esquisse qui m'a préoccupé tout le jour que tous les soirs je remets au lendemain le soin de vous écrire.

« Je vous embrasse tous de tout cœur. »

« 17 mai 1869.

« Chers parents, j'ai reçu votre lettre hier, elle m'a beaucoup inquiété. Ecrivez-moi tout de suite, donnez-moi des nouvelles de la santé de papa et mettez-moi au courant de tout à ce sujet.

« Ne vous tourmentez pas relativement à la subvention qui doit m'être faite par le département ; il n'y a point encore de temps perdu. Je ne dois toucher cent francs tous les trois mois qu'à partir du mois de janvier ; je toucherai donc cent francs à la fin de ce mois-ci.

« Il paraît que le grand-père est retombé dans sa torpeur. C'est dommage, il avait bien commencé : sa lettre était si jeune et si gaie !... Ses conseils étaient des meilleurs et je les mettrai — je les mets en pratique, non point en ce sens que je folâtre et que je voltige de la brune à la blonde, mais en ce sens que je ne m'attache pas plus qu'il ne faut à celle qui se croit « l'ange de mes rêves ». J'espère bien que le vieux dormeur va se réveiller et qu'il me fera rigoler encore avec ses mille blagues que lui seul sait dire.

« Les concours pour le prix de Rome approchent, mais il est évident que je ne puis pas monter en loge ; je n'ai pas encore fait assez de figures peintes. »

« 1869.

« Ces jours-ci, j'ai fait une esquisse tirée de *Notre-Dame de Paris*, de Victor Hugo. Cette esquisse représente Quasimodo dans le charnier du gibet de Montfaucon. Le malheureux a pénétré dans ce charnier rempli de squelettes et de cadavres corrompus. Entraîné par la violence de son amour pour la Esmeralda, il embrasse follement son cadavre et meurt en l'étreignant. Quelques années après on retrouva les deux squelettes enlacés.

« Ce tableau que je vais probablement faire pour le salon est d'un réalisme capable d'en faire *causer*. Quoi de plus bizarre en effet que cet amour violent de l'informe bossu Quasimodo pour le charmant cadavre de la Esmeralda, — et cette scène se passe sur un monceau de cadavres de pendus à moitié décomposés et dévorés par les corbeaux.

« J'ai quelque chose qui me passe dans la cervelle à propos de ce tableau, il faut que j'en aie le cœur net. Je vous embrasse. Bonsoir. »

« 21 avril 1870.

« Chers parents, le concours est jugé, mais je ne suis pas logiste. Ce sera pour l'an prochain : c'eût été trop de chance pour cette année. Je ne me décourage pas, loin de là, car je n'ai pas fait un mauvais concours ; si j'avais eu plus de chance, j'aurais pu être reçu. Je vais recommencer de plus belle à faire des figures et des esquisses; espérons que l'an prochain je serai plus heureux. Nous n'avons su le résultat hier qu'à six heures du soir ; je ne pouvais plus vous écrire. Je n'ai rien fait tous ces temps-ci. Je n'avais de goût à rien, tant j'étais impatient et inquiet. J'ai pris le parti d'aller à la campagne faire quelques études de paysage. »

« Paris, le 25 août 1870.

« Chers parents, je vous écris à tout hasard : j'ignore si ma lettre vous parviendra. Votre lettre datée du 19 m'est arrivée seulement hier 25. Je me suis aussitôt informé à la ligne du Nord et à la ligne de l'Est. Il est impossible de regagner Damvillers. Me voilà donc cloué à Paris où l'on attend les Prussiens de pied ferme. De tous côtés sur les fortifications on fait des préparatifs de défense. Je vous assure qu'ils n'entreront pas à Paris comme ils sont entrés à Nancy. Ils ne se doutent pas des forces accumulées à Paris. Les approvisionnements affluent partout. S'ils veulent revoir leur pays, ils n'ont qu'à ne pas venir; on se propose de les reconduire à la frontière tambour battant et l'épée dans les reins.

« — Vous ne pouvez pas vous imaginer combien je m'ennuie à Paris ; je suis jaloux de voir partir tous ces volontaires Fort et agile comme je suis, je ferais un si bon franc-tireur ! Je rage en songeant qu'après la guerre je ne pourrai pas dire que j'ai contribué sérieusement à la défense de mon pays, — pourtant je ne voudrais pas non plus vous faire de peine. J'imagine cependant que si les Prussiens attaquent Paris il sera aussi dangereux de se battre comme garde national que d'être franc-tireur. De plus les gardes nationaux ont les anciens fusils transformés à tabatière, — ces fusils sont très lourds.

« Le milieu dans lequel on se trouve manque de décision et de jeunesse. Si on fait une sortie, les gardes nationaux seront disposés à serrer les fesses et à se sauver bien plus qu'à tenir ferme. Les francs-tireurs au contraire sont armés de petites carabines légères et d'un bon revolver ; ils ne se battent jamais qu'en tirailleurs dans les bois et dans les rochers, ils rendront surtout de grands services quand les Prussiens seront en déroute : ils en feront alors une vraie salade.

« Malgré tout ce que je vous dis je ne veux pas vous alarmer. Si vous le désirez j'attendrai les circonstances, mais écrivez-moi tout de suite, je vous en prie.

« Peut-être subissez-vous les vexations de messieurs les Prussiens ; si mon frère n'était pas en sûreté là-bas, envoyez-le à Paris. S'il y a moyen nous nous engagerons ensemble.

« Tranquillisez-vous, mes chers parents, votre fils pense toujours à vous. »

« Mars 1873.

« Mes chers parents, mon tableau est maintenant terminé. Dans quelques heures on va venir le chercher pour le porter au Salon.

« Je ne suis pas fâché de pouvoir faire un bon : ouf ! !...

« Depuis le mois de décembre et particulièrement depuis ce dernier mois, je commençais à me sentir fatigué. Mais tout cela n'est rien, cette fatigue sera vite oubliée : je ne crois pas être arrivé à un mauvais résultat. Mon tableau a du charme. Il représente bien ce que j'ai voulu lui faire représenter. Je l'appelle : *La chanson du printemps*. J'ai voulu montrer le premier trouble d'un cœur de jeune fille, — d'une enfant pure et honnête, — au moment où la nature elle-même semble émue, — au printemps. Voilà le sujet de mon tableau. J'ai eu beaucoup de mal à trouver la tête jeune et naïve qu'il me fallait et encore plus de mal pour l'exécuter. Le résultat obtenu est bien au-dessous de ce que je voulais rendre et cependant, malgré cela : « C'est charmant. » — C'est le premier mot de toutes les personnes qui voient ce tableau.

« M. Descamps est venu me voir hier. Il a paru content, il m'a parlé de quelque chose qu'il combinait pour moi et qui, m'a-t-il dit, a déjà réussi, par exemple il ne m'a pas dit quoi. Je suppose qu'il me fera acheter mon tableau par le gouvernement.

« En tout cas je vendrai sûrement ce tableau plus facilement que celui de l'an dernier.

« Le grand-père est là aussi dans son cadre : il attend la voiture qui doit l'emmener au Palais de l'Industrie. Je crois qu'il ne sera pas le moins remarqué là-bas. Nous verrons cela au mois de mai.

« En attendant ce moment, voici les concours pour le prix de Rome qui vont commencer. Cela me permettra d'attendre l'ouverture du salon sans ennui et sans impatience. »

« Avril 1873.

« Mes chers parents, il y a plusieurs jours déjà que je veux vous écrire, mais j'attendais toujours des nouvelles relatives à mon exposition de cette année.

« Depuis qu'on vous a dit que j'étais reçu au Salon, j'ai appris que j'avais été reçu avec une très bonne note, ce qui me donne la presque certitude d'être bien placé.

« Mon portrait surtout (le vieux grand-père va être fier) a été particulièrement remarqué. S'il faut en croire les bruits qui circulent et qui se confirment chaque jour, il serait même possible que cette année mon portrait me valût une médaille au Salon. C'est l'opinion de plusieurs membres du Jury, — et des plus influents.

« Donc, espérons et attendons.

« Je serais bien enchanté si cela m'arrivait surtout parce que c'est le portrait du grand-père. Lui aussi serait bien content et vous tous avec lui. — Mais il faut s'attendre lorsqu'il s'agit d'art à toutes les déceptions possibles. Si ce que nous désirons tous n'arrivait pas, il faudrait prendre bravement la chose. J'y suis bien décidé et pas mal habitué. — C'est ainsi que l'ennui de ne pas avoir été reçu au premier essai du concours de Rome ne m'a pas été sensible du tout. Il est vrai que les nouvelles que je venais de recevoir du Salon étaient faites pour me consoler largement.

« J'ai la tête tellement pleine de toutes ces choses que je ne trouve rien à vous dire. J'espère toujours être auprès de vous vers la fin de mai. Je ferai cette année pour le prochain salon le portrait de Mérotte et un tableau. Je compte obtenir l'an prochain un résultat meilleur encore que celui de cette année. »

« 1873.

« Mes chers parents, j'arrive de chez M. Hayem où tous les jours sans relâche je vais travailler à son portrait. Pour abréger la course je m'arrête chez Baude d'où je vous écris.

« Tous les matins j'ai un petit modèle de jeune fille. C'est l'étude que je projette pour le Salon. J'en veux faire quelque chose de frais, de délicat et de candide. Je ne sais pas encore comment je l'appellerai. Mon but est de faire une bonne étude; le reste se trouvera après. — Quand mon travail sera plus avancé, je vous enverrai un calque de tout cela pour vous en donner une idée : j'y joindrai aussi un calque du portrait de M. Hayem.

« Croyez bien que lorsqu'il s'agit de mon travail je prends toutes les précautions possibles pour bien faire. — Ainsi pour le portrait de M. Hayem j'ai fait plusieurs dessins et, avant de commencer définitivement sur la toile, je fais encore en ce moment une esquisse peinte : de cette façon je n'aurai plus rien à chercher.

« Le portrait du grand-père n'est plus chez moi. Charles Hayem a tenu à l'avoir chez lui pour le faire voir de sorte que tous les samedis le grand-père se trouve en soirée chez Hayem et il fait l'admiration des jolies femmes. »

« 1875.

« Mes chers parents, je voulais vous écrire depuis quelques jours, car j'ai à vous demander une masse de choses. Si j'ai attendu c'est que je voulais vous apporter l'appréciation de Cabanel sur mon esquisse du concours. Je suis allé la lui montrer aujourd'hui.

« A la façon dont il m'en a parlé, j'imagine que c'est la meilleure esquisse des concurrents de son atelier. Le sujet du concours est celui-ci : *Un ange vient annoncer aux bergers de Bethléem la naissance du Sauveur*.

« Je vous enverrai un dessin de mon esquisse d'ici à quelques jours. En attendant, voici ce qu'il faut me chercher et m'expédier le plus tôt possible.

« Se procurer une ou deux peaux de chèvres ou de bouc, de couleurs assez claires, — blanc jaunâtre si cela se peut. Tâchez de les obtenir des cantonniers ou des bergers qui s'en servent, — neuves elles ne vaudraient rien. Veillez à ce que les peaux soient bien souples. — Alcide vous aidera à vous procurer cela. Pour avoir ces vestes déjà usées on pourra en proposer de neuves.

« Chercher un sac de paysan fait de façon grossière, par le berger lui-même si cela est possible et fait en peau de vache avec le poil. On pourrait peut-être en arranger un avec la peau d'un vieux sac de soldat. C'est le père Bastien qui le ferait à son goût mais assez grossièrement et cousu avec de petites lanières de cuir.

« Une peau de veau mort-né passée et souple, si on peut m'en envoyer deux, tant mieux, je pourrai choisir.

« Des gourdes préparées par mon père toutes naturelles, — sans vernis. Il est inutile qu'elles soient vidées, — longueur 25 centimètres au plus.

« Une houlette de berger. S'il faut en faire faire une neuve pour avoir la vieille du berger, tant pis : je veux avoir la vieille au manche poli et jauni par l'usure.

« Alcide dans ses courses trouvera cela facilement. Je le remercie bien d'avance de la peine que cette recherche lui donnera.

« Envoyez-moi tous ces objets le plus tôt possible. Je ne vous donne pas plus de quinze jours pour le tout.

« Je viens d'aller voir Alexandre Dumas fils : c'est un homme charmant. Il m'a montré toute sa collection de tableaux : il y en a au moins trois cents.

« Je vous embrasse tous encore une fois : tenez-moi bien au courant de vos trouvailles.

« Cabanel m'a dit ce matin que j'aurais encore une médaille cette année. Si je pouvais avec cela avoir le prix de Rome ce serait épatant. Soyez persuadés que je ferai tout pour que cela soit. Je bûche comme un nègre. »

« 1875.

« Mes chers parents, si j'avais eu besoin de consolations, votre lettre m'aurait consolé.

« Ce qui vient d'arriver à propos de ce concours, c'est le commencement d'une lutte, d'une lutte à outrance entre la vieille école des fausses traditions et la jeune école.

« Aujourd'hui je suis le vaincu, demain je serai le vainqueur, parce que l'opinion de tous est avec moi.

« Je vais vous expliquer ce qui s'est passé.

« L'Académie des Beaux-Arts se compose de quarante membres, peintres, sculpteurs, architectes, graveurs, et en plus quelques membres libres appartenant à diverses branches de la société.

« Le matin du jugement, les peintres seuls se réunissent (lorsqu'il s'agit de prix à décerner aux peintres, bien entendu).

« La section de peinture, une fois réunie, prépare la besogne, discute, vote et propose un candidat à toute l'Académie réunie.

« Le matin, la section des peintres, composée en grande partie d'artistes appartenant à l'école de transition, me donne le prix à une grande majorité.

« Le soir, toutes les autres sections arrivent.

« La section de sculpture, composée de gens bien moins avancés, formée presque entièrement de retardataires, de vieux copistes de l'antique, n'ayant aucun sentiment personnel dans le ventre, unit ses voix aux voix de quelques vieux peintres qui me sont hostiles, et tous votent pour le n° 3. Tableau de la la vieille école dont tous avaient ri, mais le garçon qui l'avait peint en était à sa dernière année. Cette considération était faite pour entraîner les voix de quelques bonnes âmes. Le débat s'engage alors, vif, orageux, violent même entre les partisans du n° 3 et les miens. Quelques voix se perdent sur un ou deux autres numéros.

« Pendant trois heures et après treize tours de scrutin, aucun de nous (je parle de moi et du n° 3) n'avait pu réunir la majorité absolue.

« C'est alors qu'est arrivé le coup de Jarnac lancé sans arrière-pensée et sans méchanceté par M. Cabanel.

« Comme on ne pouvait obtenir aucun résultat tant que la lutte se maintenait entre moi et le n° 3, Cabanel a proposé une transaction en faveur du n° 8.

« Et ces gens fatigués ont réuni les voix qui étaient contre moi et les ont reportées sur le n° 8.

« Le n° 8 avait 28 voix ; je n'en avais que 22.

« Mais quand les membres de l'Institut sont sortis, le résultat, au lieu d'être acclamé, n'a été accueilli que par des murmures.

« Et lorsque mon concurrent partira pour Rome, il emportera avec son prix tous les coups de sifflets qui salueront sa nomination le jour de la distribution des prix à l'Institut.

« Le succès, ce n'est pas lui, c'est moi qui l'aurai, et je serai là pour faire honte à tous ceux qui m'ont refusé leurs voix.

« Mes plus vaillants défenseurs ont été MM. Baudry, Gérôme et Garnier, l'architecte de l'Opéra. En un mot, les hommes du talent le plus autorisé.

« En somme, croyez bien ceci. Ce n'est pas moi qu'on envoie à Rome, mais c'est moi qui ai le grand prix. L'opinion publique me l'a donné. »

» Mars 1876.

« Chère petite mère, je te souhaite ta fête et je t'embrasse de tout mon cœur. Si j'étais resté quelques jours de plus à Damvillers, j'aurais pu t'embrasser moi-même, mais il fallait revenir, M. Wallon m'attendait. Je vais chez lui tous les jours. J'en suis naturellement encore aux séances d'indécision. En tout cas j'aurai, je crois, un modèle qui posera bien et souvent.

« Je tiens à bien mûrir et à bien installer mon portrait. Les séances ne dépassent guère deux heures, encore nous sommes dérangés quelquefois.

« M. Wallon est un homme qui s'occupe sincèrement de son affaire ; c'est un zélé travailleur. De tous les ministres actuels, c'est lui qui travaille le plus. C'est un esprit naïf et fin à la fois ; il doit être très honnête ; je dirai même que déjà j'en suis convaincu.

« Quand le portrait sera fixé dans ma tête et sur ma toile, je n'y travaillerai plus que quatre fois par semaine. Les trois autres jours (je parle de la matinée) seront consacrés au portrait de Mme Klotz.

« Mme Hayem est souffrante, ce qui fait que son portrait est forcément remis.

« Il me restera mes après-midi : je les emploierai à commencer quelque chose pour le Salon prochain.

« Cette après-midi, je vais faire quelques courses et chercher des ateliers, afin de ne pas perdre de temps.

« Je te quitte et je t'embrasse. Embrasse pour moi le papa et le vieux. Le bonjour aux amis. »

» Mars 1876.

« Chers parents, j'ai voulu attendre le jugement de la première esquisse du deuxième essai pour vous écrire. Wencker et moi nous avons été bien placés : lui le quatrième, et moi le sixième. Si nous faisons une figure suffisante, nous garderons nos places et nous monterons tous les deux en loges. Je ne comptais pas être aussi bien placé. Mon esquisse était si réaliste que je craignais le jugement de ces messieurs de l'Institut.

« Une chose m'ennuie : je commence ce concours sans aucune conviction ; peut-être le sujet du tableau me donnera-t-il un peu de courage. Véritablement, je tiens bien peu à ce prix de Rome. Si je l'ai, je serai forcé de m'éloigner de Paris, et je puis y avoir tant de succès !

Et cependant, malgré tout, quelque chose aussi me fait tenir au prix de Rome, ce quelque chose-là n'est, je le sens bien, qu'un sacrifice à un vieux préjugé. Aussi, quel que soit le résultat final de ce concours, je m'en consolerai très vite. Je suis furieux quand je pense que je dois peut-être perdre quatre ou cinq bons mois que je pourrais utiliser si sûrement pour le Salon prochain.

« Enfin, je me laisse aller au courant des événements. Ce qui est important, c'est que je fasse un bon tableau, alors il y aura des compensations au temps perdu.

« Vous ai-je dit que j'ai un élève? Il vient travailler chez moi et me donne cent francs par mois.

« Je travaille beaucoup en ce moment au portrait de Mme Klotz. »

« Mai 1876.

« Chers parents, nous ne faisons que rentrer chez nous. Ce matin, avant l'arrivée de votre lettre, nous étions au Salon. Encore un vrai succès. Hier, le Salon n'était ouvert que pour Mac-Mahon, sa suite, les députés et les sénateurs ; il paraît que le portrait de M. Wallon a été très remarqué. Tous riaient en reconnaissant le papa Wallon.

« Nous attendons le grand-père avec impatience. Avec quel plaisir nous allons le promener et lui montrer tout ce qui pourra l'intéresser. Nous l'attendrons à la gare.

« Grand-père, il est entendu que tu prendras un billet de première. Munis-toi d'un bon pardessus et de chemises de flanelle. Et toi, papa Bastien, si j'ai le prix de Rome, ce sera ton tour au mois de novembre, avec la petite Mérotte. — Comment vas-tu, petite Mérotte? — Dis-nous cela dans ta première lettre.

« Toi, papa Bastien, je crois que dans ta lettre tu as lu plus Homère que tu n'as médité le texte que t'a envoyé Emile. C'est de ce texte qu'il faut se pénétrer. Ce qu'il faut faire, c'est Priam réclamant à Achille, qui a tué son fils, le corps de ce fils. Pour avoir ce cadavre, le vieux Priam s'humilie jusqu'à baiser les mains meurtrières d'Achille. Priam est vieux comme le père d'Achille. Et Achille, le guerrier sauvage et terrible, est ému à l'aspect du vieillard qui lui rappelle son père. Voilà les sentiments qu'il faut rendre, avant de faire les restes du repas dont le texte ne nous dit rien.

« J'ai compris le sujet très simplement : mon tableau se résumera en deux parties.

« Achille, tiré de sa torpeur par l'arrivée subite de Priam, se dresse sur son séant. Mais la vue du vieux Priam le trouble, lui rappelle son père, et il s'efforce de contenir le sanglot qui s'échappe de sa poitrine, tout en abandonnant sa main aux baisers du vieillard.

« Mais Achille vaincu dans sa colère, est vaincu malgré lui ; aussi son autre main est fiévreuse et crispée ; machinalement il arrache la crinière de la peau de lion sur laquelle il est assis.

« Achille est complètement nu, et le vieux Priam est couvert des draperies les plus riches.

« Je veux qu'il soit navrant de voir ce vieillard noble et sage s'agenouiller devant le chef des sauvages qui convoite les trésors de Troie. Voilà comment j'ai compris le sujet. »

« Juillet 1876.

« Chers parents, deux mots à la hâte. Je suis dans les derniers douze jour qui me restent pour exécuter mon tableau des loges. Je ne puis vous dir encore si j'en serai suffisamment content. Peu importe cependant, puisqu'il n'y a pas besoin de faire un bon tableau pour avoir le prix. J'ai voulu surtout vou écrire pour avoir le plaisir de griffonner un peu en pensant à vous, car j n'ai rien d'intéressant à vous raconter. Tout l'événement de ma vie depuis trois mois, et, pour près d'un mois encore, étant ce concours de loges, — concour aussi peu intéressant que possible. — A dire vrai, je pense beaucoup plus à c que je ferai à partir du mois d'août qu'à ce que je fais maintenant. Et pourtant, toutes mes idées se concentrent vers un seul but : la fin favorable du concours ; si l'on menait plusieurs années d'une vie pareille, on serait complètement vide

« Mais ne parlons plus de cela, parlons du mois d'août.

« C'est dans les premiers jours de ce mois que nous devons nous retrouvé ensemble et travailler ensemble, car je veux au Salon prochain exposer vos deu portraits et, en même temps, un tableau que je me propose d'exécuter là-bas. Il va falloir se cramponner dur, car si je rate le prix à l'Ecole, je ne veux pas le rater au Salon l'an prochain ; ainsi, à bientôt. »

« Juillet 1876.

« Le concours est fini, mes chers parents ; il est moins facile que l'an dernier de prévoir le résultat du jugement. Le prix cependant sera, je crois, donné à Wencker ou à moi. Je crois aussi que le tableau de Wencker est de nature à rassembler un plus grand nombre de voix que le mien. Je n'abandonne cependant aucune de mes espérances. Nous verrons cela à l'exposition des tableaux du concours, les 26, 27 et 28 juillet, et enfin au jugement définitif du 29 juillet.

« Mon tableau est de ceux qui ne passent pas inaperçus. Il plaira beaucoup à certains ; d'autres le trouveront horrible. En somme, c'est un tableau qui fera encore parler de moi.

« Quant à mon arrivée à Damvillers, elle sera peut-être retardée de quelques jours par le portrait d'une dame anglaise qui doit venir me donner une dizaine de séances, cela vers le commencement d'août ou la fin de juillet. Rien cependant n'est encore décidé, car je n'ai pas encore vu la personne. Elle m'a fait demander seulement si je pourrais être à Paris à ce moment-là. Le portrait se finirait vers le mois de novembre ; celui du mari viendra après, probablement

« Chaque portrait sera payé 5,000 francs, comme celui de M. Wallon.

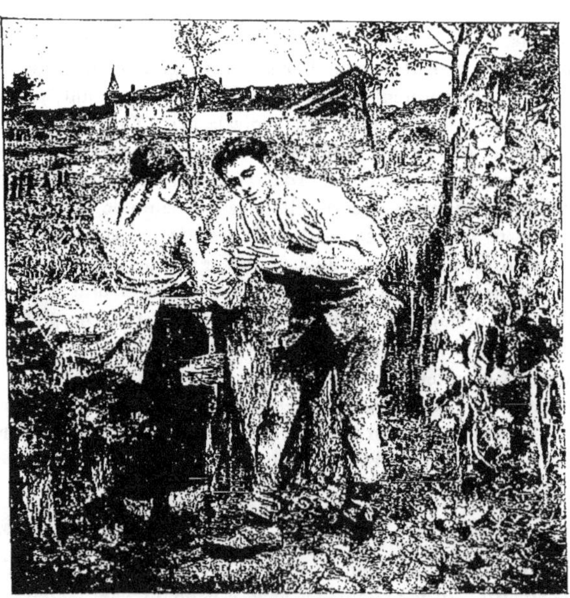

L'AMOUR AU VILLAGE, par J. BASTIEN-LEPAGE.

(Photogravure d'après les reproductions de la maison Baschet, avenue de l'Opéra, Paris.)

« Dans quelques jours, je pourrai vous donner des détails précis sur tout cela et vous fixer la date de mon retour.

« Emile me précédera probablement de quelques jours ; il préparera ce qu'il faut pour l'atelier qui m'est nécessaire si je veux exécuter mon tableau là bas.

« Ici, nous avons des chaleurs accablantes ; l'autre jour, 58 degrés au soleil. Il fait plus chaud qu'en Afrique, papa Bastien. Je vous embrasse bien. »

« Janvier 1877.

« Chers parents, je vous souhaite à tous une bonne santé pendant l'année 1877, et aussi pendant toutes les autres. Vous communiquerez mes souhaits à tous les amis.

« Rien de bien nouveau à vous dire, tout se passe comme je l'avais prévu. Je me suis remis au travail en commençant un petit tableau (je veux dire de petite taille). Il représente Orphée redemandant Eurydice au dieu des Enfers. Touché par les accents de sa douleur et les sons de sa lyre, Pluton lui accorde sa demande, mais à une condition : Eurydice, accompagnée de Mercure, suivra Orphée, et si Orphée, poussé par le désir de revoir sa femme bien-aimée, ne résiste pas à l'envie de se retourner, Eurydice retournera aux Enfers, ramenée par Mercure.

« Voilà la légende, voici mon sujet :

« Orphée marche le premier, comme il a été convenu ; tout en marchant, il joue de la lyre. Distrait ou plutôt tourmenté par le désir de revoir Eurydice, on sentira qu'il va bientôt tourner la tête, et Mercure, qui ne le perd pas de vue, lui ravira sa bien-aimée.

« Tout cela est ébauché, et j'espère bien le finir en peu de temps.

« Dans deux ou trois jours seulement, après la bourrasque de janvier, je reprendrai le portrait de l'Anglaise. Jusqu'à présent, ce portrait fait une excellente impression à tout le monde.

« Encore une fois, tous mes souhaits. »

« Février 1877.

« Chers parents je veux d'abord insister sur la dernière lettre que nous écrit le père. Qu'a-t-il donc eu, pour nous dire qu'il se sentira longtemps du rhume qu'il a gagné ? Nous désirons être tranquillisés par une bonne explication.

« M. Hayem vient de me faire une nouvelle commande de portrait : le portrait de son beau-père, M. Franck, membre de l'Institut. C'est un portrait fort intéressant à faire : il m'est payé 4,000 francs, ce qui porte à environ 15,000 francs le chiffre de mes travaux pour 1877.

« Sans compter les études et tableaux que je peux faire et vendre en dehors de cela ; avec un peu de chance, l'année pourra être bonne.

C'est le portrait de l'Anglaise qui me préoccupe en ce moment, et c'est sur lui que je concentre tous mes efforts. Il sera terminé avant un mois, ou du moins tout près de l'être. Cette dame anglaise vient de repartir de nouveau à Londres, mais elle doit revenir encore me donner quelques séances en mars.

« Ceux qui voient ce portrait en disent du bien : comment fera-t-il à l'Exposition ? — Qu'il ait seulement autant de succès qu'en ont les vôtres au cercle de la rue Saint-Arnaud, et je serai content. On parle beaucoup de vos portraits, et partout j'en reçois des compliments. Faites mes amitiés à tous les amis. »

« Avril 1877.

« Chers parents, mon esprit est en ce moment occupé de la prochaine ouverture du Salon, et le travail s'en ressent; aucun travail de longue suite. Des esquisses ou des fantaisies, des pochades, des natures mortes, des croquis emplissent les journées d'un travail reposant. Ce travail sied bien, du reste, aux petites fatigues qu'amènent les premières belles journées. Les premières belles journées sont passées, pourtant elles ont été suivies de froids inattendus qui paraissent devoir disparaître aujourd'hui. Ils ont mal fait de venir, ces froids; ils m'ont un peu enrhumé, mais cela est sans gravité.

« Fais donc comme moi, vieux grand-père, mets-toi du papier Wlinzy dans le dos, je suis sûr que cela te fera du bien.

« J'espère que tu vas nous préparer un jardin *mirobolantique* et fumant, comme tu dis. Les vignes sont-elles gelées? J'espère que non. L'eau me vient à la bouche en pensant à notre petit vin. Après m'être essuyé ladite bouche, je vous embrasse comme vous aime votre Jules. »

« Juillet 1877.

« Mon cher Emile, tu as dû bien t'impatienter de ne pas recevoir plus tôt un mot de moi, mais j'ai pensé que la visite de Mme Baude valait une lettre. Et puis j'avais peu à te dire. J'ai été bien content de ta mention, toutefois. Ce n'est pas rater un concours qu'en sortir avec une récompense, quelle qu'elle soit. Est-ce qu'une mention donne droit à une valeur? Tu me diras cela dans ta prochaine lettre. C'est un sujet intéressant que le plan d'un collège. Tu vas bien arranger ça, j'en suis sûr. Et ton dessin, fais-tu des progrès? Conte-moi tout cela.

« Pour moi, je prépare mes études pour mon tableau des foins. La campagne est superbe en ce moment, et je suis servi à souhait par le temps. La chaleur est peut-être un peu forte, mais on s'y habitue. J'ai fait quelques études de paysage dont tu seras content, je crois. J'ai peint aussi en plein air une esquisse des foins qui est assez réussie. Les foins à demi séchés donnent des verts d'un gris perlé étourdissant.

« Mon tableau sera une symphonie de gris. Quelques notes jaunes et une bleue très foncée viendront chantonner au milieu. J'imagine que cela fera bon effet.

« Je t'embrasse bien et je cède la place à la petite Mérotte. »

« 13 janvier 1878.

« Mes bons amis, aujourd'hui samedi je n'ai pu vous écrire que le soir. Vous attendrez donc ma lettre un jour de plus mais mon frère pourra y ajouter un mot.

« D'abord je vous embrasse, — autant que je le peux. J'aime à vous dire tout le plaisir que m'a fait votre lettre. L'idée que de bons amis vous entourent me fait trouver une consolation à notre éloignement.

« N'attrapez de rhume ni l'un, ni l'autre. Toi, petite mère, fais attention quand tu montes sur les chaises. En somme, soignez-vous bien, et s'il vous manque quelque chose, dites-le.

« Mon tableau est arrivé en bon état. Le lendemain du jour où je suis rentré à Paris je l'ai fait tendre sur le châssis commandé d'avance. Il a beaucoup de succès, mon tableau; ce n'est depuis que je suis ici que coups de sonnette à ma porte. On veut le voir. Je crois « qu'on en parlera », comme disait mon pauvre père.

« Le portrait d'André Theuriet s'avance : peut-être sera-t-il fini pour l'exposition de la rue Saint-Arnaud. Cette exposition doit s'ouvrir d'ici peu de jours. J'y mettrai aussi le portrait de Mme Klotz.

« Il paraît qu'il me faut gronder ma filleule, — de loin ce n'est pas difficile : « Il faut tout oser, mademoiselle, avec les gens qu'on aime bien, — entendez-vous ? — et ne recommencez plus. Là-dessus je vous embrasse tous. »

« 21 février 1878.

« Bons parents, à la hâte, toujours à la hâte. Je dois finir avant demain un dessin que je veux exposer rue Saint-Arnaud, et aujourd'hui, après le déjeuner, je dois aller au concert Pasdeloup entendre de la musique composée par un ami. C'est la première fois que le pauvre garçon est joué à ce concert.

« Pour un musicien c'est toute une affaire que d'arriver à faire exécuter ses œuvres, car il ne suffit pas de composer des notes, il faut trouver encore 200 exécutants pour faire entendre sa musique au public. Cela vous explique l'intérêt très grand que notre ami, le musicien, attache à cette audition. C'est son jour d'exposition à lui. Mon frère et moi nous voulons être là.

« Ne vous inquiétez pas relativement au portrait de Lucie que je veux faire en communiante. Je m'en occuperai dans quelque temps seulement.

« Je bûche toujours mes portraits. Celui de M. Fenaille sera fini dans trois séances au plus.

« On m'a reparlé hier encore d'un portrait de bébé une pochade à faire en cinq ou six séances de deux heures au plus, le tout pour 1,000 francs. C'est pour presque rien, environ 100 francs de l'heure et ce sont des prix d'amis.

« Un des bébés de l'ami Klotz est à peu près fini : le père est enchanté. Ce portrait m'en amènera d'autres.

« Mon tableau des foins a toujours son petit succès. On veut toujours vieillir : je voudrais bien le voir au Salon. Il est maintenant encadré; je serais content que vous puissiez le voir. Je vous quitte, j'ai juste le temps de vous embrasser tous les deux comme je vous aime et une fois de plus pour l'ami qui n'est plus là. »

« 10 mars 1878.

« Mes chers amis, le temps est pluvieux aujourd'hui et ma foi on s'en ressent. Rien ne vient à l'esprit si ce n'est le plaisir toujours le même que j'ai à vous répéter combien je vous aime et combien je suis heureux (si cela peut se dire encore[1]) à la pensée que dans deux mois vous serez nos hôtes, mes bien-aimés.

« Je travaille ferme et dur en vous attendant. Demain je commence sur la toile un portrait de petite fille (trois ans) grandeur nature qui me sera payée 6,000 francs. Cette enfant est la proche parente des de Tocqueville. Je la peindrai en costume de velours noir : de superbes dentelles blanches au col. La tête couverte de cheveux du plus joli blond qu'on puisse rêver, sera comme encadrée par un immense chapeau de feutre blanc. Rien de plus intéressant que l'ensemble de ce portrait : je voudrais être à demain pour le commencer.

« J'ai reçu la visite d'un célèbre chanteur italien, Pandolfini; il désire avoir quelque chose de moi. C'est un amateur qui sent bien la peinture; il voit juste, c'est rare.

« Le portrait de Mme Godillot marche son train et j'espère l'avoir fini pour le Salon.

« Et toi, notre vieux poète, à quand ta poésie? Envoie-la vite pour que je te blague un brin. Et toi, petite mère, comment vas-tu? Et ta douleur? Dis-moi que tu vas bien. »

« 11 avril 1878.

Mon cher grand-père, le post-scriptum de ta lettre me fait t'écrire aussitôt après l'avoir reçue. Merci de la pensée qui te l'a dictée. Rassure-toi si je ne t'ai pas parlé d'Emile (ce que je ne me rappelle pas), cela doit tenir à ce que nous étions tous deux l'un près de l'autre à l'atelier tandis que je t'écrivais.

« Sache bien, grand-père que jamais — entends-tu, jamais — nous ne nous couchons ni ne nous levons sans nous embrasser.

« Ton inquiétude est une marque nouvelle de la tendre amitié que tu nous portes, que tu nous as toujours portée, je t'en remercie de tout mon cœur et je t'embrasse de tout mon amour pour toi, pour ma mère et pour mon pauvre père.

« Ainsi, mon bon ami, tes craintes étaient mal fondées, et pourtant je suis heureux de la peur que tu as eue : c'est la tendresse pour nous qui l'a fait naître.

« C'est dans les premiers jours de mai ou dans les derniers de ce mois-ci que nous serons à Damvillers.

« Je t'embrasse comme je t'aime. »

(1) Allusion à la mort récente de son père.

« 17 avril 1878.

« Chère bonne petite mère et bon vieux grand-père, il est 4 heures et demie et je veux que ma lettre vous arrive demain; je ne pourrai donc pas jaser longtemps avec vous.

« Emile est à l'école des Beaux-Arts, depuis le grand matin; il ne doit revenir que ce soir pour dîner. Après le concours, Emile ira travailler chez un architecte, il sera payé 2 fr. 50 l'heure. Mais il n'y travaillera que quelques jours; je tiens à ce qu'il se prépare au concours de Rome qui aura lieu bientôt.

« Moi, je bûche aussi quoique je sois bien dérangé par les visites. Depuis ce matin je n'ai pas eu un instant à moi, — un peu plus, j'étais obligé de vous envoyer une carte postale et de remettre ma lettre à demain.

« Les portraits de M. Fenaille et d'un des enfants Klotz touchent à leur fin : ils seront terminés cette semaine. L'autre portrait d'homme et le portrait de Mme Godillot sont ébauchés. Aujourd'hui on me parlait encore de portraits d'enfants. C'est dommage que l'on n'ait pas vingt bras, on pourrait gagner plus de 100,000 francs par an. Enfin! cela viendra un jour.

« J'ai travaillé aussi à mon esquisse de l'*Enterrement d'une jeune fille*. Il y aurait à faire avec ce sujet un merveilleux tableau. Ce sera une de mes grandes occupations de l'an prochain. Il va falloir se procurer des robes de mousseline blanche et des petites pèlerines noires. C'est Lucie[1] qui me posera la tête de jeune fille qui porte la bannière. Il faudra du reste que tout Damvillers y passe, car j'aurai une trentaine de personnages.

« Mon succès s'accuse de plus en plus au cercle de la rue Saint-Arnaud. Mon rêve est de pouvoir exposer le portrait de Mme Godillot au prochain Salon; c'est un portrait superbe à faire. Mme Godillot est une jeune femme fort jolie; elle a de grands yeux d'un bleu vert qui sont étonnants. C'est une bonne fortune que ce portrait, aussi je veux y mettre tous mes soins.

« J'ai été bien content de la médaille d'Emile, pas pour la médaille mais pour le projet qui était bon. »

« 28 avril 1878.

« Chère petite mère et bon grand-père, je suis seul à vous écrire aujourd'hui. Emile est parti hier à la campagne; il ne rentrera que ce soir à 6 heures. Il est allé au pays de Basse — notre caniche — pour voir une maison qu'un de nos amis veut acheter.

« Nous nous réjouissons tous les deux de votre arrivée.

« Déjà Paris s'apprête à l'ouverture de l'exposition. On ne voit que des étrangers et je suis convaincu que ce sera un beau succès pour notre pays.

(1) Sa cousine et sa filleule.

« Vingt-cinq ou trente mille ouvriers travaillent jour et nuit pour que tout soit prêt le jour de l'ouverture. Il paraît que tout sera à peu près achevé. Vous ne pouvez vous imaginer qu'en le voyant le travail colossal qui a été exécuté en une année. C'est une ville où chaque maison est un palais. Toutes les merveilles de l'art et de l'industrie du monde entier se trouvent réunies là.

« Oui, ce sera un beau spectacle, un spectacle bien écœurant pour les mauvais Français, et ce sera à la République qu'on devra le relèvement si prompt d'un peuple dont la vitalité est le travail.

« Comme on se sent loin des mauvais jours de l'Empire !... Si nos paysans comprenaient cela, on ne craindrait pas de les voir se faire représenter par des réactionnaires imbéciles.

« Mes meilleures amitiés aux amis ; à vous mille embrassades. »

« Avril 1878.

« Au moment où je commence ma lettre, un modèle de portrait m'arrive ; je prends cinq minutes de la séance pour vous envoyer mes meilleurs baisers.

« Tout va bien, je suis content. Le jour où vous arriverez pour l'exposition j'aurai gagné 20,000 francs. C'est une bonne année, d'autant que je n'ai pas encore vendu les tableaux que j'ai chez moi.

« Je me suis fait un cadeau aujourd'hui. J'ai fait relier les lettres de mon père. J'ai voulu qu'elles soient contenues dans une enveloppe digne du souvenir que nous lui gardons.

« Ce sera notre livre d'or. Nous y trouverons toujours le souvenir de l'amour que notre pauvre ami nous portait.

« La reliure tout en maroquin poli et d'une seule peau coûtera 100 francs. C'est le premier livre de ma bibliothèque future ; ce sera toujours celui que j'aimerai le mieux lire.

« Je vous embrasse comme je vous aime et comme je l'aimais. »

« Mai 1878.

« Chers parents, c'est véritablement pour vous envoyer un peu de mon écriture et parce que je sais le plaisir que vous fait un mot de nous que je vous écris aujourd'hui, car je n'ai rien d'important à vous dire.

« Nous avons fait quelques achats de vases et de tapis à l'exposition pour orner l'atelier.

« Le portrait de Coquelin n'avance pas ; il ne peut jamais venir poser.

« J'ai reçu aujourd'hui une invitation pour les soirées de Mme Edmond Adam. C'est un des salons importants de Paris, salon très fréquenté par les hauts bonnets politiques : j'irai mercredi prochain.

« La mort de Garnier-Pagès vient de m'enlever un portrait intéressant, le sien. Il avait chargé une tierce personne de me parler de cette affaire, cela dans les derniers jours de sa vie. Je regrette vivement cette occasion perdue à cause de l'intérêt que pouvait offrir ce portrait. »

« 1878.

« Chers amis d'ici huit jours j'aurai cinq portraits en train, d'autres encore sont sur la planche : je vais augmenter mes prix.

« Le portrait de Mme Klotz exposé depuis deux jours rue Saint-Arnaud a eu dès le premier jour un brillant succès, c'est bien certainement une des meilleures toiles de l'exposition, qui du reste n'est pas très intéressante.

« Bientôt viendront le Salon et l'exposition universelle, et avec eux, — si j'en crois les présages, — un brillant succès pour moi.

« Ah ! le pauvre ami est parti trop tôt ; quand je pense qu'il n'aura pas sa part des joies qui pourront venir, c'est comme un redoublement de ma peine. Mais qu'y faire ? — Regretter et toujours se souvenir.

« Ma pensée est souvent avec vous deux. L'assurance que vous êtes entourés de bons amis qui ne vous abandonnent point m'aide à supporter la peine d'être éloigné de vous.

« Fais-tu de bonnes promenades et emmènes-tu la petite Mérotte, grand-père ? Bientôt va revenir le moment des fleurs. »

« 16 mars 1879.

« Chers amis, mercredi dernier j'ai eu la visite de Gambetta ; il a été on ne peut plus aimable, il se pourrait que je fisse son portrait.

« Je ne sais si je vous ai dit que mon tableau *les Foins* était exposé avenue de l'Opéra et qu'il y attirait pas mal la foule. — Edouard, mon compagnon d'autrefois, passant par là avec sa femme et voyant un rassemblement s'est approché. Il a été fort étonné de voir que mon tableau était l'objet de cette curiosité.

« Que vous dirai-je encore ? rien. Si ce n'est que je voudrais bien avoir 25 ou même 50,000 francs de rente dès maintenant. Si cela était, je pourrais travailler toujours auprès de vous.

« J. Bastien-Lepage. »

. . . .

. . . .

Qu'ajouterai-je après les lettres qu'on vient de lire ? — Les souvenirs ne me manquent pas cependant. Ici c'est un bal où nous étions tous déguisés en marmitons, là des parties à cheval à Montmorency, puis des chasses au sanglier, des séjours à la campagne, le portrait de mon beau-père, la mort de Gambetta et la visite à la petite chambre de Ville-d'Avray, que sais-je !... Si je voulais conter tout cela, je n'en finirais plus, mais à quoi bon !...

Je veux parler pourtant du 14 juillet qui précéda la mort de Bastien. Il avait voulu fuir les fêtes de Paris pour venir à Gonvieux où ma mère et moi nous avions réuni quelques amis. Ce fut son dernier voyage. — Nous étions assez nombreux. Il y avait là Mme Henry Gréville et son mari, le pauvre Guillaumet, Victor Jannet et sa mère et plusieurs de ses amis. Chacun fut touché de voir Bastien-Lepage aussi gravement atteint. Il n'avait pas encore perdu son humeur enjouée, mais le cancer qui devait l'emporter l'avait déjà condamné. Il se montrait sensible comme un enfant à la moindre attention. Il était heureux de se sentir dorloté, gâté, aimé. Bastien portait en lui le charme étrange des êtres qui vont disparaître. Depuis quelques mois il ne pouvait plus travailler et il souffrait de cette inaction forcée. Le pauvre malheureux n'espérait guère plus en l'avenir et cependant il voulait espérer.

Il rêvait de faire des tableaux de genres très différents. C'était tantôt son enterrement de jeune fille passant le long d'un chemin bordé de pommiers en fleurs, tantôt les lascifs enlacements de Léda et du cygne divin qui hantaient son esprit. Il critiquait volontiers ses œuvres passées, — ne comprenant point par exemple mon enthousiasme pour le portrait de Mme Juliette Drouet, la fidèle compagne de V. Hugo, — un pur chef-d'œuvre, — pour ne penser qu'aux tableaux qu'il avait en tête et qu'il ne devait jamais peindre.

Les fêtes passées, Bastien rentra à Paris pour n'en plus sortir. Tant que durèrent les derniers beaux jours, son frère Emile le portait à la voiture qui le conduisait au Bois. Mais l'état s'aggrava. Le malade fut obligé de garder la chambre puis le lit.

Une amie très jeune et très belle, Mlle Marie Baskirtscheff mourut, et cette mort fut pour lui comme un avertissement. Les visites qu'ils consentaient à recevoir étaient rares. Je venais pourtant chaque jour et il m'attendait; si j'étais en retard j'étais grondé. Il me demandait de lui conter des histoires, de lui parler de nos amis et amies. Je m'efforçais de le distraire et malgré ma tristesse j'amenais parfois le sourire à ses lèvres.

La veille de sa mort son état de maigreur était devenu tel, que le plissement seul de sa bouche lui était une douleur : « Ne me fais pas rire, mon ami, me murmurait-il de sa pauvre voix éteinte, ça me fait mal. » Et un instant après d'un ton de grande tristesse, assis sur son lit, la tête basse il soupirait : « C'est dommage !... j'avais encore tant de belles choses à faire ! »

... Le lendemain quand j'arrivai de la campagne vers 5 heures du soir, mon pauvre ami ne respirait plus guère que comme un oiseau, depuis le matin l'état comateux était commencé : il vivait encore, mais son esprit n'était déjà plus là. Tandis que Mme Bastien s'efforçait pour nous obéir de prendre quelque nourriture, Emile et moi nous étions tous les deux près du lit de Jules, parlant très doucement, tout à coup la respiration de Bastien cessa, — le souffle léger qui semblait l'animer encore s'arrêta, — c'était fini !

« Va prévenir ma mère je t'en prie, me dit Emile, le courage me manque. »

Je n'eus pas un mot à dire : en me voyant Mme Bastien comprit la vérité.

Ah ! la pauvre femme, la pauvre mère !...

... Je demande à Emile de veiller son frère, lui faisant comprendre qu'après les nuits passées il doit tâcher de se reposer afin de supporter les nouvelles fatigues qui l'attendent. Le pauvre garçon m'écoute les yeux pleins de larmes : « Je ferai, me dit-il, tout ce que tu voudras. »

Un instant après, un grand jeune homme à barbe blonde entre dans la chambre ; il paraît très affecté, c'est Gustave Courtois.

Dagnan-Bouveret et lui désirent comme moi veiller la nuit suivante le corps de Bastien. A 10 heures, ils arrivent tous les deux : nous nous saluons. Le même sentiment nous rapproche, nous avions tous les trois pour Jules Bastien-Lepage une amitié vraie. C'est la première fois pourtant que nous nous rencontrons chez lui : c'est sa mort qui nous réunit.

Dagnan et Courtois s'asseyent au pied du lit, tandis que l'un dessine les traits du mort, l'autre tient une bougie de la main gauche et de la main droite une feuille de papier afin de cacher les vacillements de la lumière. Lorsque l'un des amis est fatigué : les rôles changent. Le crayon va de l'un à l'autre. Ils se communiquent tout bas leurs observations et ils tiennent compte de leur mutuelle critique.

Je rage de n'être bon à rien. Je leur propose mon aide : ils l'acceptent. Le dessin est terminé; il est très simple, très beau, — terrible de vérité. Dagnan avise un carton dans un coin. Là se trouvent les dessins de Bastien, il l'ouvre et il y met le portrait achevé.

« Quand Emile ouvrira ce carton, il y trouvera le portrait de son frère, me dit Dagnan, il aura peut-être alors une impression douloureuse mais on doit garder certains souvenirs. »

Le lendemain, si je n'avais pas averti Emile, les deux amis partaient sans rien dire, n'attendant et ne cherchant aucun remerciement, ayant pour eux leur seule conscience, — et un ami de plus, car ils avaient gagné mon amitié.

... Le service funèbre, le Tout-Paris artistique faisant cortège à ce pauvre mort illustre de trente-six ans, le départ pour Damvillers, l'enterrement là-bas sous un ciel gris, triste comme nos cœurs, puis plus tard, — l'inauguration de la statue de Rodin !... Que de tableaux différemment colorés.

Je ne saurais mieux finir cette étude qu'en citant le discours de Dagnan-Bouveret prononcé par lui à Damvillers devant la statue de J. Bastien-Lepage :

« Cher ami,

« Le jour que nous attendions avec tant d'impatience, nous, tes amis, tes admirateurs, nous réunit enfin pour fêter ta gloire.

« Nous avions besoin de ce pèlerinage à Damvillers ; nous étions restés sous la trop pénible impression de ton départ; toujours nous songions avec tristesse à cette sombre journée de décembre, à Paris, où, nous acheminant vers la gare de l'Est, nous escortions ton cercueil. Ce jour-là, tous pressés autour du wagon qui allait t'emporter, nous regardant les uns les autres, nous restions muets d'émotion et nous nous étions séparés sans qu'une voix amie se fût élevée pour te dire un dernier adieu, pour t'exprimer ce que nous sentions tous si profondément. Enfin, nous avions besoin de parler de toi d'un cœur moins attristé, de rendre un éclatant hommage à ta mémoire.

« Aujourd'hui, nous voulons nous réjouir en ton honneur, reporter toutes nos pensées vers ton souvenir.

« Nous voulons parcourir ton village, ses alentours, revoir les coins où tu as peint tes tableaux, revenir par les sentiers que tu affectionnais. Tu aimais tant ton pays, tes yeux et tes pensées se sont promenés avec tant d'amour sur toutes les choses d'ici, que tu avais rêvé de peindre, que nous croirons peut-être un peu nous retrouver avec toi.

« Et nous voulons dire ici toute notre admiration pour ta belle et trop courte carrière, dont chaque année presque datait un chef-d'œuvre. Tu débutes en 1874 pour t'arrêter en 1884. Dix ans t'ont suffi, et l'œuvre que tu laisses est des plus considérables par sa force, par sa portée.

« Nous revoyons encore ton premier succès au salon de 1874. On parlait du portrait de ton grand-père comme d'un événement. On s'étonnait qu'à l'heure où la plupart des jeunes artistes errent, tâtonnent avant de se dégager, tu pusses être aussi maître de toi, de tes moyens, de tes idées : c'est que tu fus avant tout, dans la vie comme en art — un sincère. La sincérité, voilà ta force : elle est et sera toujours celle des grands artistes. C'est elle qui te préserve à tes débuts des égarements et des défaillances, qui t'indique tout de suite la voie où tu entres si résolument et qui plus tard exalte ton audace. Aussi l'impression fut profonde sur la jeunesse ; tu répondais triomphalement à un besoin de vérité et d'honnêteté artistique. On n'était plus habitué à voir surprendre ainsi la vie, à voir fouiller et pénétrer une physionomie avec cette intensité, à voir fixer une empreinte aussi puissante de la figure humaine. Tu sembles, en effet, connaître jusqu'à l'âme de ton modèle, tant tu excelles à déterminer son caractère distinctif et à saisir tout son être en une attitude typique. Tous tes portraits sont des poèmes et quelques-uns sont merveilleux. Qui ne sera pris jusqu'au cœur par ceux de tes parents et ne sera diversement charmé par ceux de ton frère, d'André

Theuriet, de M. Hayem père, de M. Wallon, de Sarah Bernhardt, de la communiante, de Mme Drouet?... Dessinateur de premier ordre, tu devais être un grand portraitiste et c'est avec raison qu'un éminent critique a pu dire que tes portraits pourraient être placés entre ceux d'Holbein, de Durer et de Clouet.

« Si par le sens si profond de la forme tu te rattaches à quelques grands maîtres anciens, ton art est pourtant essentiellement moderne et tes moyens d'expression, — bien à toi, — sont tout nouveaux. Car tu t'es préoccupé de la lumière et des valeurs. Le paysage t'a révélé toute la peinture; tu y revenais souvent comme à une source. Dès lors l'étude de la figure dans le paysage t'a passionné et tu as osé la rendre en ses justes rapports avec tout ce qui l'entoure, sans valeurs mensongères, sans artifice, naïvement, audacieusement. Quelques vaillants artistes épris, eux aussi, de lumière, avaient bien avant toi les mêmes préoccupations d'art, aucun n'avait encore aussi bien dégagé ses recherches des réminiscences ou des conventions et tu es le premier qui ait su peindre avec tant de sincérité, de force, de charme et d'art, une figure en plein air.

« *Les Foins*, *Saison d'octobre*, *Pas mèche*, *le Père Jacques*, *le Mendiant*, *Jeanne Darc* caractériseront très bien les recherches artistiques de la fin de ce siècle, resteront parmi les plus complets spécimens de la peinture dite « de plein air » et deviendront pour l'avenir des morceaux classiques du plus haut enseignement.

« Nous devons le dire avec orgueil, tu es un artiste bien français; tes qualités sont bien celles de notre race, on ne sent rien chez toi d'emprunté aux grandes écoles anciennes en vogue. Ton art est bien né sous notre ciel, sur notre sol. Et nous avons eu la joie de voir refleurir en tes fortes et pénétrantes peintures, mais élargi, rajeuni et pourtant bien de notre temps le sentiment si charmant des œuvres d'art françaises, du moyen âge et de la Renaissance.

« Nous saluons avec une respectueuse émotion le pays qui a donné un tel fils à la France.

« Nous saluons en toi, cher ami, une des gloires pures de notre art national.

« A. DAGNAN-BOUVERET. »

... Je ne vois pas un mot à ajouter après ce discours. Il appartenait à celui que je considère comme le plus grand peintre, le plus grand artiste de notre époque de rendre ainsi hommage au talent et à la mémoire de Jules Bastien-Lepage.

HENRI AMIC.

Extrait de la Revue Générale Internationale, Scientifique, Littéraire et Artistique.
(Juillet 1896.)

PARIS. — *Hôtel des Sociétés savantes*, 28, RUE SERPENTE

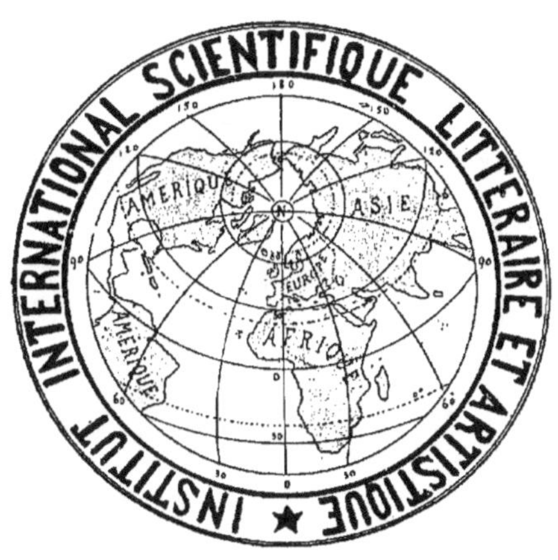
INSTITUT INTERNATIONAL SCIENTIFIQUE LITTERAIRE ET ARTISTIQUE
AMERIQUE
ASIE
EUROPE
AFRIQUE
AMERIQUE

www.ingramcontent.com/pod-product-compliance
Lightning Source LLC
LaVergne TN
LVHW020251230826
846091LV00006B/2348